FELIX GERONIMO

Tejiendo intrigas

El arte de escribir novelas de misterio

Publicado por Felix Geronimo en IngramSpark. Exterior creado con Book-Building Tool de IngramSpark.com. Portada creada con Canva.com. Imagen de la portada de Pixabay.com. Interior editado con el editor de Reedsy.com

First edition

ISBN: 978-9945-063-13-4

This book was professionally typeset on Reedsy.
Find out more at reedsy.com

Contents

1

Introducción al misterio

El atractivo del misterio

Las novelas de misterio tienen una capacidad única para capturar la atención de los lectores. La promesa de desentrañar enigmas, descubrir secretos ocultos y resolver crímenes despierta una curiosidad insaciable. Pero, ¿qué elementos específicos convierten una novela de misterio en una lectura irresistiblemente cautivadora?

Elementos clave de una novela de misterio cautivadora

1. Un enigma intrigante

El núcleo de cualquier buena novela de misterio es un enigma que atrape al lector desde el principio. Este enigma debe ser suficientemente complejo para mantener el interés, pero no tan enrevesado que resulte imposible de seguir.

Ejemplo:

- *Smaller and Smaller Circles* (*Círculos cada vez más pequeños*) de F. H. Batacan (Filipinas): La novela sigue a dos sacerdotes jesuitas que investigan una serie de asesinatos en Manila, presentando un enigma que atrapa al lector desde el inicio.

2. Personajes bien desarrollados

Los personajes, especialmente el detective y el antagonista, deben ser complejos y tridimensionales. El lector debe interesarse por el protagonista y sentir una conexión emocional con su búsqueda de la verdad.

Ejemplo:

- *Plenilunio* de Antonio Muñoz Molina (España): El protagonista, un inspector de policía, es un personaje complejo que lucha con sus propios demonios mientras intenta resolver un crimen brutal.

3. Pistas y señuelos

Una novela de misterio eficaz debe sembrar pistas a lo largo de la trama. Estas pistas deben ser sutiles pero perceptibles, permitiendo al lector participar en la resolución del enigma. Además, los señuelos (red herrings) son fundamentales para desviar la atención y mantener la sorpresa.

Ejemplo:

- *Sangre en el diván* de Ibéyise Pacheco (Venezuela): El libro narra la investigación de un asesinato y está lleno de pistas y señuelos que mantienen al lector adivinando hasta el final.

4. Suspense y tensión

El suspense es esencial para mantener a los lectores enganchados. Esto se puede lograr a través de cliffhangers, amenazas inminentes, y la constante sensación de que algo crucial está por descubrirse.

Ejemplo:

- *La sombra del viento* de Carlos Ruiz Zafón (España): Aunque no es una novela de misterio pura, el libro mantiene un alto nivel de suspense y tensión a través de su narrativa intrigante y sus giros inesperados.

5. Un clímax impactante y una resolución satisfactoria

El clímax debe ser emocionante y satisfactorio, atando todos los cabos sueltos y revelando la verdad de manera sorprendente pero creíble. La resolución debe dejar al lector con una sensación de cierre y satisfacción.

Ejemplo:

- *Los que duermen en el polvo* de Horacio Convertini (Argentina): La novela culmina en un clímax impactante que revela la verdad detrás de una serie de asesinatos, proporcionando una conclusión satisfactoria.

Consejos prácticos para escritores

1. *Desarrolla un enigma atractivo*: Comienza con una pregunta intrigante o un crimen inusual. Desarrolla una lista de posibles respuestas y construye tu trama alrededor de ellas.

2. *Crea personajes complejos*: Dedica tiempo a desarrollar las motivaciones, antecedentes y peculiaridades de tus personajes principales. Los personajes tridimensionales son esenciales para mantener el interés del lector.

3. *Siembra pistas y señuelos*: Planifica dónde y cómo introducir pistas clave. Asegúrate de incluir señuelos para mantener a tus lectores adivinando.

4. *Mantén el suspense*: Utiliza cliffhangers, escenas de alta tensión y revelaciones parciales para mantener a tus lectores al borde de sus asientos.

5. *Planifica un clímax y una resolución satisfactoria*: Asegúrate de que tu clímax sea emocionante y que todas las piezas del rompecabezas se unan de manera lógica al final.

Ejercicio práctico

1. *Crea un enigma*: Escribe una breve sinopsis de un misterio, incluyendo el crimen principal, el detective, y el antagonista.

2. *Desarrolla pistas y señuelos*: Diseña una serie de al menos cinco pistas que lleven a la resolución del enigma. Incluye al menos dos señuelos.

3. *Escribe una escena de suspense*: Redacta una escena en la que tu detective se encuentre en una situación de alta tensión, utilizando técnicas de suspense para mantener el interés del lector.

* * *

Con estos elementos y consejos, estarás bien encaminado para tejer intrigas cautivadoras que mantengan a tus lectores enganchados de principio a fin.

2

Construyendo la premisa

La importancia de una buena premisa

La premisa de una novela de misterio es la base sobre la que se construye toda la historia. Una premisa sólida no solo captura la atención del lector desde el principio, sino que también proporciona una guía clara para el desarrollo de la trama y los personajes. Encontrar y desarrollar una idea principal fuerte es esencial para escribir una novela de misterio cautivadora.

Encontrar la idea principal

1. *Observa tu entorno*

Las ideas para novelas de misterio a menudo pueden encontrarse observando el mundo que te rodea. Noticias locales, eventos históricos y rumores pueden ser fuentes de inspiración.

Ejemplo:

- *El complot mongol* de Rafael Bernal (México): Esta novela se basa en la tensión política y los conflictos internacionales, inspirada en eventos reales y rumores de conspiraciones.

2. *Explora temas universales*

Los temas universales como la justicia, la venganza, la redención y la corrupción resuenan con una amplia audiencia y pueden ser la base de una premisa sólida.

Ejemplo:

- *La casa de los espíritus* de Isabel Allende (Chile): Aunque es más conocida por su realismo mágico, la novela incluye elementos de misterio que giran en torno a secretos familiares y eventos sobrenaturales, explorando temas de justicia y redención.

3. *Pregúntate "¿Qué pasaría si...?"*

Este enfoque consiste en plantear situaciones hipotéticas y explorar sus posibles consecuencias. "¿Qué pasaría si un detective descubre que su mejor amigo es el asesino?" o "¿Qué pasaría si un crimen del pasado vuelve a la luz?".

Ejemplo:

- *O matador* de Patrícia Melo (Brasil): La novela explora qué pasaría si un hombre ordinario se convirtiera en un asesino, abordando temas de moralidad y consecuencias.

Desarrollar la idea principal

1. Define el conflicto central

El conflicto es el corazón de tu historia. Debe ser claro, urgente y relevante. ¿Qué está en juego? ¿Quiénes están involucrados?

Ejemplo:

- *El ruido de las cosas al caer* de Juan Gabriel Vásquez (Colombia): La novela se centra en el conflicto interno del protagonista y su búsqueda de la verdad sobre un amigo asesinado, en el contexto del narcotráfico en Colombia.

2. Crea personajes interesantes

Tus personajes deben estar intrínsecamente ligados al conflicto central. Cada uno debe tener sus propias motivaciones, secretos y desafíos.

Ejemplo:

- *Abril rojo* de Santiago Roncagliolo (Perú): El protagonista es un fiscal que investiga una serie de asesinatos durante la Semana Santa en Ayacucho, con personajes complejos y profundamente afectados por la violencia política.

3. Establece el ambiente

El entorno donde se desarrolla tu historia puede añadir profundidad y autenticidad. Un buen escenario no solo sirve como telón de fondo, sino que también influye en la trama y los personajes.

Ejemplo:

- *El complot mongol* de Rafael Bernal (México): La Ciudad de México de la década de 1960 proporciona un ambiente único y lleno de tensión para la historia.

Consejos prácticos para escritores

1. *Haz una lluvia de ideas*: Dedica tiempo a anotar todas las ideas que se te ocurran, sin juzgarlas inicialmente. Luego selecciona las más prometedoras y explóralas más a fondo.

2. *Investiga*: Investiga temas, lugares y periodos históricos que te interesen. La investigación puede inspirarte y proporcionar detalles auténticos para tu historia.

3. *Esboza la trama*: Una vez que tengas una idea sólida, esboza los puntos principales de tu trama. Identifica el inicio, el desarrollo y el clímax de tu historia.

4. *Desarrolla tus personajes*: Crea perfiles detallados para tus personajes principales. Conoce sus motivaciones, antecedentes y cómo se relacionan con el conflicto central.

5. *Crea un mapa de pistas*: Planifica dónde y cómo introducirás las pistas y los señuelos en tu historia. Esto te ayudará a mantener el ritmo y la coherencia en la trama.

Ejercicio práctico

1. *Escribe una premisa*: Utilizando una de las técnicas mencionadas, escribe una premisa para una novela de misterio. Incluye el conflicto central, los personajes principales y el entorno.

2. *Desarrolla un esquema de trama*: A partir de tu premisa, esboza los puntos clave de la trama. Incluye el inicio, los giros principales y el clímax.

3. *Crea perfiles de personajes*: Desarrolla perfiles detallados para al menos tres personajes principales. Incluye sus antecedentes, motivaciones y relación con el conflicto.

* * *

Con estos elementos y consejos, estarás bien encaminado para construir una premisa sólida y cautivadora para tu novela de misterio.

3

Personajes memorables

La importancia de personajes memorables

En una novela de misterio, los personajes son cruciales para atraer y mantener el interés del lector. Detectives ingeniosos, villanos intrigantes y víctimas con profundidad emocional son esenciales para una historia cautivadora. Crear personajes memorables implica desarrollar sus personalidades, motivaciones y complejidades para que se sientan reales y atractivos.

Detectives: los héroes de la investigación

Características de un buen detective

1. *Ingenio e inteligencia*
   - Los detectives deben ser astutos y observadores, capaces de desentrañar pistas y resolver enigmas complejos.

2. *Moralidad y motivación*

- La motivación del detective puede ser personal, profesional o moral. Un buen detective suele tener un código ético fuerte, aunque no siempre convencional.

3. *Peculiaridades y defectos*

- Los detectives memorables a menudo tienen rasgos distintivos o debilidades que los hacen únicos y humanos.

Ejemplo:

- *Smaller and Smaller Circles* de F. H. Batacan (Filipinas): Los sacerdotes jesuitas Gus Saenz y Jerome Lucero son detectives atípicos cuyas motivaciones están arraigadas en su fe y su deseo de justicia.

Villanos: los antagonistas complejos

Características de un buen villano

1. *Motivaciones claras*

- Un villano bien desarrollado tiene motivaciones claras y comprensibles, incluso si son moralmente cuestionables.

2. *Inteligencia y astucia*

- Los mejores villanos son igual de inteligentes y astutos que los detectives, presentando un verdadero desafío.

3. *Profundidad y humanidad*

- Los villanos deben tener profundidad y humanidad, lo que permite al lector entender (si no simpatizar con) sus acciones.

Ejemplo:

- Sangre en el diván de Ibéyise Pacheco (Venezuela): El doctor Edmundo Chirinos, un reconocido psiquiatra, se revela como un villano complejo con motivaciones profundas y oscuras.

Víctimas: más que solo una cifra

Características de una buena víctima

1. *Dimensionamiento*

- Las víctimas deben ser personajes desarrollados con sus propias historias, no solo herramientas para hacer avanzar la trama.

2. *Conexión emocional*

- El lector debe sentir empatía por la víctima, lo que aumenta el impacto emocional de su muerte o sufrimiento.

3. *Relaciones*

- Las relaciones de la víctima con otros personajes pueden añadir profundidad y complejidad a la trama.

Ejemplo:

- *El complot mongol* de Rafael Bernal (México): Las víctimas en la trama tienen historias y conexiones personales que añaden peso emocional a la investigación.

Consejos prácticos para crear personajes memorables

1. *Desarrolla biografías detalladas*
   - Escribe biografías detalladas para tus personajes principales, incluyendo su historia personal, motivaciones y rasgos distintivos.

2. *Utiliza contrastes*
   - Crea contrastes entre tus personajes principales (detectives, villanos y víctimas) para resaltar sus diferencias y añadir dinamismo a la historia.

3. *Dale a cada personaje un papel claro*
   - Asegúrate de que cada personaje tenga un propósito claro en la trama, contribuyendo al desarrollo del misterio.

4. *Incorpora peculiaridades y defectos*
   - Añade peculiaridades y defectos a tus personajes para hacerlos más humanos y memorables.

5. *Crea relaciones complejas*
   - Desarrolla relaciones complejas entre tus personajes para añadir profundidad y realismo a la historia.

Ejemplos de personajes memorables en novelas de misterio

1. *Detectives*
   - Gus Saenz y Jerome Lucero en *Smaller and Smaller Circles* (Filipinas).
   - El fiscal Félix Chacaltana en *Abril rojo* de Santiago Roncagliolo (Perú).

2. *Villanos*

- El doctor Edmundo Chirinos en *Sangre en el diván* (Venezuela).
- Villanos en *O Matador* de Patrícia Melo (Brasil).

3. *Víctimas*
 - Víctimas en *El complot mongol* de Rafael Bernal (México).
 - Personajes en *La casa de los espíritus* de Isabel Allende (Chile).

Ejercicio práctico

1. *Crea un detective*: Escribe una biografía detallada de tu detective, incluyendo su historia, motivaciones y peculiaridades.

2. *Desarrolla un villano*: Crea un perfil completo de tu villano, explorando sus motivaciones y características humanas.

3. *Desarrolla una víctima*: Escribe la historia y las relaciones de una víctima en tu novela, asegurándote de darle profundidad y dimensionamiento.

* * *

Con estos elementos y consejos, estarás bien encaminado para crear personajes memorables que enriquecerán tu novela de misterio y capturarán la imaginación de tus lectores.

4

La trama perfecta

La importancia de una buena trama

La trama es el esqueleto de una novela de misterio. Una estructura bien diseñada no solo mantiene el interés del lector, sino que también permite una progresión lógica y emocionante del misterio. Diseñar una trama intrigante implica planificar cuidadosamente cada giro, pista y revelación para crear una experiencia de lectura satisfactoria.

Elementos clave de una trama de misterio

1. *Introducción*

La introducción debe captar la atención del lector de inmediato, presentando el crimen o el enigma principal. Este es el momento de establecer el tono y el contexto de la historia.

Ejemplo:

- *Plata quemada* de Ricardo Piglia (Argentina): La novela comienza con un atraco a un banco que desencadena una serie de eventos violentos y caóticos.

2. Desarrollo de la investigación

La investigación es el núcleo de la trama, donde el detective sigue pistas, enfrenta obstáculos y se acerca lentamente a la verdad. Esta sección debe ser rica en detalles y mantener un ritmo constante.

Ejemplo:

- *Pasado perfecto* de Leonardo Padura (Cuba): La investigación del detective Mario Conde sobre la desaparición de un alto funcionario cubano es meticulosa y llena de detalles, manteniendo al lector enganchado.

3. Pistas y señuelos

Introducir pistas y señuelos es esencial para mantener el interés y la tensión. Las pistas deben ser creíbles y los señuelos deben desviar la atención del lector sin resultar frustrantes.

Ejemplo:

- *El club Dumas* de Arturo Pérez-Reverte (España): La novela está llena de pistas literarias y señuelos que mantienen al lector adivinando hasta el final.

4. Clímax

El clímax es el punto culminante de la trama, donde se revela la verdad y se resuelve el conflicto principal. Este momento debe ser emocionante y satisfactorio, atando todos los cabos sueltos.

Ejemplo:

- *Que te vaya como mereces* de Gonzalo Lema (Bolivia): El clímax revela la compleja verdad detrás de una serie de asesinatos en La Paz, proporcionando una resolución impactante.

5. Desenlace

El desenlace ofrece una conclusión que resuelve las subtramas y proporciona un cierre emocional. Debe dejar al lector con una sensación de satisfacción y completitud.

Ejemplo:

- *La virgen de los sicarios* de Fernando Vallejo (Colombia): El desenlace ofrece una reflexión profunda sobre la violencia y la vida en Medellín, cerrando la trama de manera contundente.

Consejos prácticos para diseñar una trama intrigante

1. Planifica con anticipación

- Antes de escribir, crea un esquema detallado de tu trama. Incluye los puntos principales de la historia y cómo se conectan entre sí.

2. Crea un mapa de pistas

- Diseña un mapa de pistas y señuelos. Asegúrate de que cada pista lleve lógicamente a la siguiente y que los señuelos sean convincentes.

3. Mantén el ritmo

- Alterna entre escenas de alta tensión y momentos más tranquilos para mantener el ritmo y evitar que la historia se vuelva monótona.

4. Desarrolla subtramas

- Introduce subtramas que enriquezcan la historia principal y añadan profundidad a los personajes.

5. Revisa y ajusta

- Durante la revisión, asegúrate de que no haya agujeros en la trama y que todas las pistas y revelaciones sean coherentes.

Ejercicios prácticos

1. *Esquema de trama*: Crea un esquema detallado de tu trama, incluyendo la introducción, el desarrollo de la investigación, el clímax y el desenlace.

2. *Mapa de pistas y señuelos*: Diseña un mapa que detalle todas las pistas y señuelos de tu historia. Asegúrate de que cada pista esté bien justificada y que los señuelos sean creíbles.

3. *Escena de clímax*: Escribe la escena de clímax de tu novela, asegurándote de que sea emocionante y satisfactoria.

4. *Desarrollo de subtramas*: Identifica una subtrama en tu novela y escribe un breve esquema de cómo se desarrollará a lo largo de la historia, asegurándote de que se entrelace con la trama principal.

Ejemplos de novelas de misterio

1. *Plata quemada* de Ricardo Piglia (Argentina)
   - El atraco y sus consecuencias desencadenan una trama tensa y violenta.

2. *Pasado perfecto* de Leonardo Padura (Cuba)
   - La meticulosa investigación del detective Mario Conde mantiene al lector enganchado.

3. *El club Dumas* de Arturo Pérez-Reverte (España)
   - La novela está llena de pistas literarias y señuelos intrigantes.

4. *Que te vaya como mereces* de Gonzalo Lema (Bolivia)
   - El clímax revela la compleja verdad detrás de los asesinatos, proporcionando una resolución impactante.

5. *La virgen de los sicarios* de Fernando Vallejo (Colombia)
   - El desenlace ofrece una reflexión profunda sobre la violencia y la vida en Medellín.

* * *

Con estos elementos y consejos, estarás bien encaminado para diseñar una trama intrigante y cautivadora para tu novela de misterio, manteniendo a tus lectores enganchados de principio a fin.

5

Pistas y señuelos

La importancia de las pistas y de los señuelos

Las pistas y los señuelos son elementos fundamentales en una novela de misterio. Las pistas guían al detective y al lector hacia la resolución del enigma, mientras que los señuelos desvían la atención, creando suspense y sorpresa. Dominar el arte de plantar pistas y señuelos es crucial para mantener el interés y la intriga a lo largo de la historia.

Tipos de pistas

1. Pistas directas

Las pistas directas apuntan claramente hacia la verdad. Deben ser lógicas y encajar bien en el contexto de la historia.

Ejemplo:
- *El misterio de la guía de ferrocarriles* de Agatha Christie (Reino Unido):

Poirot descubre pistas directas que lo llevan al asesino a través del análisis meticuloso de la lista de pasajeros y horarios de trenes.

2. Pistas indirectas

Las pistas indirectas requieren interpretación y pueden no parecer relevantes al principio. Estas pistas obligan al lector a pensar críticamente y a juntar las piezas del rompecabezas.

Ejemplo:
   - *El nombre de la rosa* de Umberto Eco (Italia): Las pistas indirectas en la abadía llevan al protagonista a descubrir la verdad sobre los asesinatos.

3. Pistas falsas (red herrings)

Las pistas falsas, o señuelos, están diseñadas para desviar la atención del lector y del detective. Aunque deben ser plausibles, eventualmente se revelan como irrelevantes para la resolución del misterio.

Ejemplo:
   - *Los hombres que no amaban a las mujeres* de Stieg Larsson (Suecia): La investigación de Mikael Blomkvist y Lisbeth Salander está llena de señuelos que desvían la atención del verdadero culpable.

Estrategias para plantar pistas y señuelos

1. Introducir pistas en la narrativa

Incorpora pistas en la narrativa de manera natural. Las pistas deben surgir de las acciones y diálogos de los personajes, así como del entorno.

Ejemplo:

   - *El talento de Mr. Ripley* de Patricia Highsmith (Estados Unidos): Las pistas sobre las actividades y la verdadera naturaleza de Ripley se revelan a través de sus interacciones y el entorno.

2. Utilizar objetos y escenarios

Los objetos y escenarios pueden ser excelentes vehículos para pistas. Un objeto aparentemente mundano puede contener una clave crucial para el misterio.

Ejemplo:

   - *El silencio de los corderos* de Thomas Harris (Estados Unidos): Las pistas sobre Buffalo Bill se encuentran en los objetos y el entorno del asesino, descubiertos a través de la investigación de Clarice Starling.

3. Crear personajes sospechosos

Desarrolla personajes que parezcan sospechosos, cada uno con posibles motivos y oportunidades. Esto no solo añade profundidad a la trama, sino que también proporciona múltiples señuelos.

Ejemplo:

   - *El código Da Vinci* de Dan Brown (Estados Unidos): Varios personajes parecen sospechosos a lo largo de la novela, creando señuelos que desvían la atención del lector.

Consejos prácticos

1. Mantén un balance

   - Equilibra las pistas directas e indirectas con los señuelos. Demasiados señuelos pueden frustrar al lector, mientras que muy pocas pistas pueden hacer que el misterio sea demasiado fácil de resolver.

2. Revisa y ajusta

- Durante la revisión, asegúrate de que todas las pistas y señuelos sean coherentes y creíbles. Ajusta cualquier pista que sea demasiado obvia o cualquier señuelo que no sea plausible.

3. Desarrolla una hoja de control

- Mantén una hoja de control con todas las pistas y señuelos, incluyendo cuándo y cómo se introducen en la trama. Esto te ayudará a asegurarte de que todo encaje lógicamente.

4. Juega con las expectativas del lector

- Utiliza el conocimiento común y las expectativas del lector para introducir señuelos. Por ejemplo, un personaje que parece obviamente culpable puede resultar inocente al final.

Ejercicios prácticos

1. *Escribe una escena con una pista oculta*: Escribe una escena en la que una pista crucial esté oculta en los diálogos o en el entorno. Asegúrate de que la pista sea clara en retrospectiva, pero no obvia al principio.

2. *Crea un personaje sospechoso*: Desarrolla un personaje con motivos y oportunidades que lo hagan parecer sospechoso. Incluye detalles que podrían servir como señuelos.

3. *Diseña una red de señuelos*: Planifica una serie de señuelos que desvíen la atención del lector del verdadero culpable. Asegúrate de que cada señuelo sea plausible y contribuya a la trama.

Ejemplos de novelas de misterio

1. *El misterio de la guía de ferrocarriles* de Agatha Christie (Reino Unido)
   - Poirot utiliza pistas directas para resolver el caso.

2. *El nombre de la rosa* de Umberto Eco (España)
   - Las pistas indirectas llevan a descubrir la verdad en la abadía.

3. *Los hombres que no amaban a las mujeres* de Stieg Larsson (Suecia)
   - La trama está llena de señuelos que desvían la atención del lector.

4. *El talento de Mr. Ripley* de Patricia Highsmith (Estados Unidos)
   - Las pistas se revelan a través de interacciones y el entorno de Ripley.

5. *El silencio de los corderos* de Thomas Harris (Estados Unidos)
   - Las pistas sobre el asesino se encuentran en los objetos y el entorno.

* * *

Con estos elementos y consejos, estarás bien encaminado para plantar pistas y señuelos que mantendrán a tus lectores enganchados y adivinando hasta el final.

6

Ambientes y escenarios

La importancia del ambiente y del escenario en una novela de misterio

El ambiente y el escenario juegan un papel crucial en una novela de misterio, proporcionando el telón de fondo que puede intensificar la tensión y el suspense. Un entorno bien creado no solo establece el tono de la historia, sino que también puede actuar como un personaje en sí mismo, influenciando el desarrollo de la trama y las acciones de los personajes.

Estrategias para crear atmósferas que refuercen el misterio

1. Descripción detallada

Utiliza descripciones detalladas para pintar una imagen vívida del entorno. Las descripciones sensoriales que incluyen vistas, sonidos, olores y texturas pueden hacer que el escenario cobre vida.

Ejemplo:

- *Aura* de Carlos Fuentes (México): La casa antigua y oscura en la Ciudad de México, llena de misterios y secretos, crea una atmósfera de inquietud que refuerza el tono sobrenatural de la novela.

2. Uso del clima y de la naturaleza

El clima y la naturaleza pueden ser poderosos aliados en la creación de un ambiente misterioso. Tormentas, niebla y noches oscuras pueden aumentar la sensación de peligro y lo desconocido.

Ejemplo:

- *Los hombres que no amaban a las mujeres* de Stieg Larsson (Suecia): La fría y aislada isla de Hedeby, cubierta de nieve y rodeada de aguas heladas, añade una capa de desolación y aislamiento que intensifica el misterio.

3. Escenarios culturales e históricos

Incorporar elementos culturales e históricos puede añadir profundidad y autenticidad al escenario, haciendo que el misterio sea más envolvente.

Ejemplo:

- *Círculos cada vez más pequeños* de F. H. Batacan (Filipinas): El barrio pobre de Payatas en Manila, con su contexto social y cultural, añade una dimensión adicional al misterio de los asesinatos en serie.

4. Espacios claustrofóbicos

Los espacios cerrados y claustrofóbicos pueden aumentar la tensión y la sensación de urgencia en una novela de misterio.

Ejemplo:

- *El túnel* de Ernesto Sábato (Argentina): Aunque no es un misterio clásico, la claustrofobia y la opresión del entorno reflejan el estado mental del protagonista, añadiendo una capa de suspense psicológico.

Ejemplos de novelas de misterio

1. *Aura* de Carlos Fuentes (México)
   - La casa antigua en la Ciudad de México crea una atmósfera de misterio y sobrenaturalidad.

2. *Los hombres que no amaban a las mujeres* de Stieg Larsson (Suecia)
   - La fría y aislada isla de Hedeby refuerza la sensación de desolación y peligro.

3. *Círculos cada vez más pequeños* de F. H. Batacan (Filipinas)
   - El barrio pobre de Payatas en Manila proporciona un escenario auténtico y culturalmente rico.

4. *El túnel* de Ernesto Sábato (Argentina)
   - Los espacios claustrofóbicos reflejan la opresión y el misterio psicológico del protagonista.

5. *Out* de Natsuo Kirino (Japón)

- La atmósfera oscura y opresiva de los suburbios de Tokio contribuye al tono siniestro de la novela.

Consejos prácticos

1. Haz uso de las descripciones sensoriales

- Incluye detalles sensoriales en tus descripciones para hacer que el lector sienta el ambiente. Describe cómo huelen las calles, qué sonidos se escuchan, cómo se siente el aire en la piel.

2. Incorpora el clima en la trama

- Utiliza el clima para reflejar el estado emocional de los personajes o para crear contraste y tensión. Una tormenta puede simbolizar conflicto, mientras que la niebla puede representar confusión.

3. Explora la cultura y la historia

- Investiga el contexto cultural e histórico de tu escenario. Los detalles auténticos pueden hacer que el lugar se sienta más real y enriquecido.

4. Crea espacios claustrofóbicos

- Utiliza espacios cerrados y opresivos para aumentar la tensión. Un callejón oscuro, un sótano estrecho o una habitación sin ventanas pueden intensificar el suspense.

Ejercicios prácticos

1. *Descripción sensorial*: Escribe una descripción detallada de un escenario utilizando los cinco sentidos. Trata de hacer que el lector "sienta" el lugar.

2. *Clima y emoción*: Escribe una escena en la que el clima refleje el estado emocional de un personaje o cree un contraste significativo.

3. *Contexto cultural*: Investiga y escribe una breve escena ambientada en un lugar con un rico contexto cultural e histórico. Incorpora detalles auténticos.

4. *Escenario claustrofóbico*: Crea una escena en un espacio claustrofóbico. Utiliza el entorno para aumentar la tensión y el suspense.

* * *

Con estos elementos y consejos, estarás bien encaminado para crear ambientes y escenarios que refuercen el misterio en tus novelas, manteniendo a tus lectores inmersos y cautivados por la atmósfera que construyas.

7

El arte del suspenso

La esencia del suspenso en una novela de misterio

El suspenso es el ingrediente principal que mantiene a los lectores pegados a las páginas de una novela de misterio. Esta sensación de anticipación y tensión es lo que los mantiene interesados y deseosos de saber qué sucederá a continuación. El dominio del arte del suspenso requiere una combinación de técnicas narrativas y una comprensión profunda de cómo dosificar la información y construir la tensión de manera efectiva.

Técnicas para crear suspenso

1. Revelación gradual de información

Revelar la información de manera gradual es clave para mantener el suspenso. Evita dar toda la información de golpe; en su lugar, distribuye pistas y revelaciones a lo largo de la historia.

Ejemplo:

- *El silencio de la ciudad blanca* de Eva García Sáenz de Urturi (España): La autora revela detalles cruciales de la trama lentamente, manteniendo a los lectores intrigados y ansiosos por descubrir la verdad.

2. Cliffhangers

Termina los capítulos o secciones con cliffhangers, dejando a los lectores en situaciones de alta tensión o con preguntas sin resolver, lo que los motiva a seguir leyendo para descubrir qué sucede a continuación.

Ejemplo:

- *Bangkok 8* de John Burdett (Tailandia): La narrativa de Burdett utiliza cliffhangers al final de cada capítulo para mantener el interés y la urgencia de la trama.

3. Escenas de alto riesgo

Incorpora escenas donde los personajes enfrentan situaciones de alto riesgo, ya sea física, emocional o moralmente. Esto crea una sensación de urgencia y peligro que intensifica el suspenso.

Ejemplo:

- *Dragon Bones* de Lisa See (China): Las escenas de peligro y confrontación aumentan la tensión y el suspenso en la búsqueda de respuestas.

4. Giros argumentales

Introduce giros argumentales inesperados que sorprendan al lector y cambien la dirección de la historia, manteniendo el suspense y el interés.

Ejemplo:

- *La verdad sobre el caso Harry Quebert* de Joël Dicker (Suiza): Los giros inesperados en la trama mantienen a los lectores adivinando hasta el final.

5. Punto de vista

Utiliza diferentes puntos de vista para ofrecer diversas perspectivas del misterio. Esto puede añadir complejidad a la trama y aumentar el suspense al revelar solo fragmentos de información a través de los ojos de distintos personajes.

Ejemplo:

- *Escrito en el agua* de Paula Hawkins (Reino Unido): La narrativa desde múltiples puntos de vista proporciona una rica variedad de perspectivas, manteniendo el suspenso a medida que se desvelan fragmentos de información.

Ejemplos de novelas de misterio

1. *El silencio de la ciudad blanca* de Eva García Sáenz de Urturi (España)
   - La revelación gradual de información mantiene el suspense a lo largo de la novela.

2. *Bangkok 8* de John Burdett (Tailandia)
   - Cliffhangers al final de cada capítulo mantienen a los lectores en vilo.

3. *Dragon Bones* de Lisa See (China)
   - Escenas de alto riesgo que incrementan la tensión y el suspense.

4. *La verdad sobre el caso Harry Quebert* de Joël Dicker (Suiza)
   - Giros argumentales que sorprenden y mantienen el suspense.

5. *Escrito en el agua* de Paula Hawkins (Reino Unido)
   - Utilización de múltiples puntos de vista para enriquecer la narrativa y

mantener el suspense.

Consejos prácticos

1. Dosifica la información

- Revela detalles clave gradualmente, manteniendo a los lectores con preguntas sin responder.

2. Utiliza cliffhangers

- Termina los capítulos con situaciones de alta tensión o preguntas sin resolver para mantener el interés del lector.

3. Incorpora escenas de alto riesgo

- Crea situaciones donde los personajes enfrenten peligros inmediatos o dilemas morales, aumentando la tensión.

4. Sorprende con giros argumentales

- Introduce giros inesperados en la trama para mantener a los lectores sorprendidos y enganchados.

5. Diversifica los puntos de vista

- Utiliza múltiples puntos de vista para ofrecer diferentes perspectivas del misterio y mantener el suspense.

Ejercicios prácticos

1. *Escribe una escena con revelación gradual*: Redacta una escena en la que se revele información crucial poco a poco. Asegúrate de mantener algunas preguntas sin respuesta para mantener el interés del lector.

2. *Crea un cliffhanger*: Escribe el final de un capítulo que deje al lector en un momento de alta tensión o con una pregunta sin resolver.

3. *Desarrolla una escena de alto riesgo*: Redacta una escena en la que un personaje enfrente un peligro inmediato o un dilema moral significativo.

4. *Planea un giro argumental*: Diseña un giro inesperado en la trama de tu historia que sorprenda al lector y cambie la dirección de los eventos.

5. *Experimenta con puntos de vista*: Escribe una escena desde diferentes puntos de vista para ver cómo cambia la percepción del misterio y el suspense.

* * *

Con estos elementos y técnicas, podrás crear una atmósfera de suspense en tus novelas de misterio que mantendrá a tus lectores enganchados y ansiosos por descubrir la resolución del enigma.

8

Diálogos reveladores

La importancia del diálogo en una novela de misterio

El diálogo es una herramienta poderosa en una novela de misterio. No solo sirve para revelar información crucial de la trama, sino que también ayuda a desarrollar los personajes y sus relaciones. Los diálogos bien escritos pueden crear tensión, proporcionar pistas y desviar al lector, manteniéndolo inmerso en la historia.

Técnicas para crear diálogos reveladores

1. Uso de subtexto

El subtexto es la información implícita que se comunica sin ser directamente expresada. Utilizar subtexto en los diálogos puede añadir profundidad y misterio, ya que los personajes pueden decir una cosa mientras significan otra.

Ejemplo:

- *El hombre que miraba pasar los trenes* de Georges Simenon (Francia): El diálogo entre los personajes está cargado de subtexto, revelando sus verdaderas intenciones y pensamientos sin decirlo explícitamente.

2. Diálogos naturales

Los diálogos deben sonar naturales y auténticos. Esto significa que deben reflejar la manera en que las personas realmente hablan, incluyendo pausas, interrupciones y errores.

Ejemplo:

- *Rebeca de Daphne Du Maurier* (Reino Unido): Los diálogos son realistas y fluidos, ayudando a desarrollar los personajes y avanzar en la trama de manera natural.

3. Revelación de información

Utiliza el diálogo para revelar información crucial de la trama de manera gradual. Evita exposiciones largas y directas; en su lugar, deja que la información se descubra a través de conversaciones naturales.

Ejemplo:

- *Tómatelo con calma* de Elmore Leonard (Estados Unidos): La información se revela lentamente a través de los diálogos entre los personajes, manteniendo el suspense.

4. Contraste entre personajes

El diálogo puede resaltar las diferencias entre los personajes, mostrando sus distintos puntos de vista, personalidades y motivaciones. Esto puede añadir tensión y dinamismo a la historia.

Ejemplo:

- *Maldad bajo el sol* de Agatha Christie (Reino Unido): Los contrastes en los diálogos entre los personajes principales añaden profundidad y conflicto a la trama.

5. Uso del diálogo para plantar pistas

Planta pistas importantes a través del diálogo, pero hazlo de manera sutil para que los lectores no las identifiquen de inmediato como tales. Esto puede incluir referencias casuales o detalles aparentemente insignificantes.

Ejemplo:

- *Máscaras* de Leonardo Padura (Cuba): Las pistas están integradas de manera sutil en los diálogos, lo que permite a los lectores descubrirlas junto con los personajes.

Ejemplos de novelas de misterio

1. *El hombre que miraba pasar los trenes* de Georges Simenon (Francia)
   - Uso magistral del subtexto en los diálogos.

2. *Rebeca de Daphne Du Maurier* (Reino Unido)
   - Diálogos naturales y auténticos que desarrollan personajes y trama.

3. *Tómatelo con calma* de Elmore Leonard (Estados Unidos)
   - Revelación gradual de información a través de conversaciones.

4. *Maldad bajo el sol* de Agatha Christie (Reino Unido)
   - Diálogos que contrastan personajes y añaden tensión.

5. *Máscaras* de Leonardo Padura (Cuba)

- Plantación sutil de pistas en los diálogos.

Consejos prácticos

1. Incorpora subtexto

- Deja que los personajes digan una cosa mientras significan otra. Utiliza insinuaciones y dobles sentidos para añadir profundidad.

2. Haz que los diálogos suenen naturales

- Escribe diálogos que reflejen la forma en que las personas realmente hablan, incluyendo interrupciones y pausas.

3. Revela información gradualmente

- Utiliza el diálogo para revelar información crucial de manera gradual y natural. Evita largas exposiciones.

4. Resalta contrastes entre personajes

- Utiliza el diálogo para mostrar las diferencias entre los personajes, resaltando sus personalidades y motivaciones.

5. Planta pistas sutilmente

- Integra pistas importantes en los diálogos de manera sutil, permitiendo que los lectores las descubran gradualmente.

Ejercicios prácticos

1. Escribe una escena con subtexto: Redacta un diálogo donde los personajes dicen una cosa pero insinúan otra, utilizando insinuaciones y dobles sentidos.

2. *Crea diálogos naturales*: Escribe una conversación entre dos personajes que suene realista y fluida, incluyendo pausas, interrupciones y errores.

3. *Revela información a través del diálogo*: Redacta una escena en la que se revele información crucial de manera gradual a través de una conversación.

4. *Resalta contrastes entre personajes*: Escribe un diálogo entre dos personajes con puntos de vista opuestos, resaltando sus diferencias.

5. *Planta pistas en el diálogo*: Redacta un diálogo en el que se planten pistas importantes de manera sutil, sin que los lectores las identifiquen de inmediato.

* * *

Con estos elementos y técnicas, podrás utilizar el diálogo de manera efectiva para avanzar en la trama y desarrollar personajes en tus novelas de misterio, manteniendo a tus lectores enganchados e interesados en la historia.

9

Red herrings y giros de trama

La magia de los red herrings y los giros de trama

En una novela de misterio, los red herrings (pistas falsas) y los giros de trama son herramientas esenciales para mantener a los lectores en vilo y sorprenderlos continuamente. Estas técnicas permiten desviar la atención del lector, crear expectativas y luego romperlas de manera efectiva, lo que hace que la historia sea más intrigante y emocionante.

Técnicas para crear red herrings y giros de trama

1. Introducción de pistas falsas

Las pistas falsas son detalles o eventos que parecen importantes pero que en realidad no lo son. Desvían la atención del lector y lo llevan a sacar conclusiones erróneas, lo que aumenta la sorpresa cuando la verdad es revelada.

Ejemplo:

- *El hombre que miraba pasar los trenes* de Georges Simenon (Francia): La narrativa introduce varios personajes y situaciones que parecen ser claves para la resolución del misterio, pero resultan ser pistas falsas.

2. Giros de personaje

Revela aspectos ocultos de los personajes o cambia su rol en la historia de manera inesperada. Un personaje que parece ser un aliado puede convertirse en un villano, o viceversa.

Ejemplo:

- *El jardinero nocturno* de George Pelecanos (Estados Unidos): Un personaje que inicialmente parece ser confiable resulta tener una identidad oculta, cambiando la dirección de la trama.

3. Cambio de perspectiva

Altera la perspectiva narrativa para revelar nueva información o mostrar eventos desde un ángulo diferente. Esto puede recontextualizar lo que los lectores creían saber y añadir profundidad al misterio.

Ejemplo:

- *Confesiones* de Kanae Minato (Japón): La historia se cuenta desde múltiples perspectivas, lo que cambia la comprensión del lector sobre los eventos a medida que avanza la trama.

4. Revelaciones graduales

Desvela la verdad de manera gradual, dejando que los lectores ensamblen las piezas del rompecabezas poco a poco. Esta técnica mantiene el suspense y la intriga a lo largo de la historia.

Ejemplo:

- *La paciente silenciosa* de Alex Michaelides (Chipre): Las revelaciones se distribuyen de manera gradual, manteniendo al lector adivinando hasta el final.

5. Inversión de expectativas

Crea expectativas en el lector y luego inviértelas de manera inesperada. Esto puede involucrar giros en la trama que desafían las suposiciones del lector.

Ejemplo:

- *La sombra del viento* de Carlos Ruiz Zafón (España): La narrativa juega con las expectativas del lector, presentando giros sorprendentes que cambian el curso de la historia.

Ejemplos de novelas de misterio

1. *El hombre que miraba pasar los trenes* de Georges Simenon (Francia)
   - Uso magistral de pistas falsas para desviar la atención del lector.

2. *El jardinero nocturno* de George Pelecanos (Estados Unidos)
   - Giros de personaje que cambian la percepción de los roles en la trama.

3. *Confesiones* de Kanae Minato (Japón)
   - Cambio de perspectiva narrativa que revela nueva información y añade profundidad al misterio.

4. *La paciente silenciosa* de Alex Michaelides (Chipre)
   - Revelaciones graduales que mantienen el suspense y la intriga.

5. *La sombra del viento* de Carlos Ruiz Zafón (España)

- Inversión de expectativas que sorprenden al lector y cambian la dirección de la historia.

6. *Perdida* de Gillian Flynn (Estados Unidos)
- La narrativa emplea giros inesperados para mantener la sorpresa y la tensión.

Consejos prácticos

1. Introduce pistas falsas
- Crea detalles y eventos que desvíen la atención del lector. Asegúrate de que estas pistas falsas sean creíbles y coherentes con la trama.

2. Realiza giros de personaje
- Revela secretos ocultos de los personajes o cambia su rol en la historia de manera inesperada para añadir sorpresa y profundidad.

3. Utiliza el cambio de perspectiva
- Cambia la perspectiva narrativa para revelar nueva información y recontextualizar eventos, añadiendo capas al misterio.

4. Revela información gradualmente
- Desvela la verdad de manera pausada, permitiendo que los lectores ensamblen las piezas del rompecabezas poco a poco.

5. Invierte las expectativas
- Crea expectativas y luego inviértelos con giros de trama que desafíen las suposiciones del lector, manteniéndolos intrigados.

Ejercicios prácticos

1. *Escribe una escena con pistas falsas*: Redacta una escena que incluya pistas falsas para desviar la atención del lector. Asegúrate de que sean creíbles y coherentes con la trama.

2. *Desarrolla un giro de personaje*: Escribe una escena en la que un personaje revele un aspecto oculto de su identidad o cambie su rol en la historia de manera inesperada.

3. *Utiliza el cambio de perspectiva*: Redacta una escena desde un nuevo punto de vista que revele información previamente oculta o añada profundidad al misterio.

4. *Revela información gradualmente*: Escribe una serie de escenas que desvelen la verdad de manera pausada, permitiendo que el lector descubra las piezas del rompecabezas poco a poco.

5. *Incorpora una inversión de expectativas*: Redacta una escena que cree una expectativa en el lector y luego inviértela de manera sorprendente, cambiando la dirección de la trama.

* * *

Con estos elementos y técnicas, podrás utilizar red herrings y giros de trama para sorprender a tus lectores y mantenerlos intrigados en tus novelas de misterio, creando una experiencia de lectura cautivadora y emocionante.

10

El clímax y la resolución

La importancia de un buen clímax y resolución

En una novela de misterio, el clímax y la resolución son cruciales. Es el momento en que todas las pistas se unen, los misterios se revelan y los lectores reciben la recompensa de su inversión emocional en la historia. Un final bien ejecutado no solo resuelve la trama, sino que también deja una impresión duradera.

Técnicas para crear un clímax y resolución efectivos

1. Construcción del clímax

El clímax debe ser el punto culminante de la tensión acumulada a lo largo de la historia. Todos los elementos de la trama deben converger en este momento, creando una escena intensa y emocionante.

Ejemplo:

- *Naturaleza muerta* de Louise Penny (Canadá): El clímax reúne todos los hilos de la trama en una confrontación dramática que revela la verdad detrás del misterio.

2. Resolución de subtramas

Asegúrate de que todas las subtramas y conflictos menores también encuentren una resolución satisfactoria. Esto proporciona una sensación de cierre completo para los lectores.

Ejemplo:

- *Lo que no te mata te hace más fuerte* de David Lagercrantz (Suecia): No solo se resuelve el misterio principal, sino que también se atan los cabos sueltos de las subtramas.

3. Revelación del misterio

El misterio debe ser resuelto de manera lógica y coherente, utilizando las pistas que se han presentado a lo largo de la historia. Evita deus ex machina o soluciones que no estén sustentadas en la trama.

Ejemplo:

- *Me llamo Rojo* de Orhan Pamuk (Turquía): La resolución del misterio está bien fundamentada en las pistas y los detalles proporcionados a lo largo de la novela.

4. Impacto emocional

El clímax y la resolución deben tener un impacto emocional significativo en los personajes y los lectores. Esto puede incluir revelaciones sorprendentes, sacrificios o decisiones difíciles.

Ejemplo:

- *El silencio de la lluvia* de Luiz Alfredo Garcia-Roza (Brasil): El clímax y la resolución están llenos de intensidad emocional, afectando profundamente a los personajes principales.

5. Reflexión y cierre

Después del clímax, proporciona un momento de reflexión y cierre. Esto permite a los personajes y a los lectores procesar los eventos y asimilar las consecuencias.

Ejemplo:

- *El nombre de la rosa* de Umberto Eco (Italia): La novela ofrece un cierre reflexivo que permite a los lectores absorber las implicaciones de la resolución del misterio.

Ejemplos de novelas de misterio

1. *Naturaleza muerta* de Louise Penny (Canadá)
   - Clímax bien construido que reúne todos los hilos de la trama.

2. *Lo que no te mata te hace más fuerte* de David Lagercrantz (Suecia)
   - Resolución de subtramas y cabos sueltos junto con el misterio principal.

3. *Me llamo Rojo* de Orhan Pamuk (Turquía)
   - Resolución del misterio de manera lógica y coherente.

4. *El silencio de la lluvia* de Luiz Alfredo Garcia-Roza (Brasil)
   - Impacto emocional significativo en el clímax y la resolución.

5. *El nombre de la rosa* de Umberto Eco (Italia)
   - Reflexión y cierre que permite procesar los eventos de la historia.

Consejos prácticos

1. Construye un clímax intenso

   - Asegúrate de que todos los elementos de la trama converjan en una escena culminante llena de tensión y emoción.

2. Resuelve las subtramas

   - Proporciona resoluciones satisfactorias para todas las subtramas y conflictos menores, no solo el misterio principal.

3. Revela el misterio lógicamente

   - La solución del misterio debe ser coherente y sustentada en las pistas presentadas a lo largo de la historia. Evita soluciones forzadas o injustificadas.

4. Crea impacto emocional

   - El clímax y la resolución deben tener un impacto emocional significativo en los personajes y los lectores. Considera revelaciones sorprendentes o decisiones difíciles.

5. Proporciona reflexión y cierre

   - Después del clímax, da a los personajes y a los lectores un momento para reflexionar y procesar los eventos, proporcionando un cierre satisfactorio.

Ejercicios prácticos

1. *Escribe una escena de clímax*: Redacta una escena culminante donde todos los elementos de la trama se unen en un momento de alta tensión y emoción.

2. *Resuelve subtramas*: Escribe una escena que resuelva una subtrama o conflicto menor de manera satisfactoria, asegurando que todos los cabos

sueltos estén atados.

3. *Revela el misterio*: Redacta la escena de revelación del misterio, asegurándote de que la solución sea lógica y coherente con las pistas presentadas a lo largo de la historia.

4. *Crea impacto emocional*: Escribe una escena que tenga un impacto emocional significativo en los personajes y los lectores, utilizando revelaciones o decisiones difíciles.

5. *Proporciona reflexión y cierre*: Redacta una escena posterior al clímax que permita a los personajes y a los lectores reflexionar y procesar los eventos, proporcionando un cierre satisfactorio.

Con estas técnicas y ejemplos, podrás crear clímax y resoluciones que no solo atan todos los cabos sueltos, sino que también dejan una impresión duradera en tus lectores, asegurando que tu novela de misterio sea tanto satisfactoria como memorable.

11

Revisión y edición

La importancia de la revisión y edición

La revisión y edición son pasos cruciales en el proceso de escritura. Un manuscrito inicial rara vez está listo para ser publicado sin una revisión cuidadosa y una edición meticulosa. Este proceso no solo corrige errores gramaticales y de estilo, sino que también mejora la claridad, cohesión y ritmo de la historia, asegurando que el misterio sea intrigante y envolvente para los lectores.

Técnicas para revisar y editar

1. Lectura en voz alta

Leer tu manuscrito en voz alta te ayuda a detectar problemas de ritmo, redundancias y diálogos poco naturales. Este método te permite escuchar la fluidez de tu prosa y ajustar lo necesario.

Ejemplo:

- *El alienista* de Caleb Carr (Estados Unidos): La prosa rica y fluida de esta novela se logra gracias a una revisión meticulosa que asegura una narración envolvente.

2. Revisión por etapas

Dividir la revisión en etapas específicas puede ser muy efectivo. Primero, enfócate en la trama y estructura, luego en los personajes y diálogos, y finalmente en el estilo y los detalles técnicos.

Ejemplo:

- *My Annihilation* de Fuminori Nakamura (Japón): La compleja estructura narrativa y el desarrollo profundo de los personajes sugieren un proceso de revisión exhaustivo y organizado por etapas.

3. Feedback externo

Recibir opiniones de lectores beta o grupos de escritura proporciona perspectivas frescas y críticas constructivas que pueden identificar problemas que quizás no habías notado.

Ejemplo:

- *Maximum Bob* de Elmore Leonard (Estados Unidos): La autenticidad y realismo en los personajes y escenarios pueden deberse en parte a feedback de personas familiarizadas con las culturas representadas.

4. Corrección de estilo

Centrarse en el estilo implica revisar la elección de palabras, la variedad de frases y la consistencia del tono. Esto mejora la legibilidad y el impacto emocional de tu manuscrito.

Ejemplo:

- *2666* de Roberto Bolaño (Chile): La prosa pulida y el estilo distintivo del autor son resultado de una edición cuidadosa que resalta la intensidad y el dramatismo de la historia.

5. Consistencia y detalles

Asegúrate de que todos los detalles sean consistentes a lo largo de la novela. Verifica nombres, lugares, cronología y hechos para evitar errores que puedan distraer al lector.

Ejemplo:

- *El juego de Ripper* de Isabel Allende (Chile): La consistencia en los detalles y la precisión en la ambientación de esta novela reflejan una edición detallada y rigurosa.

Ejemplos de novelas de misterio

1. *El alienista* de Caleb Carr (Estados Unidos)
   - Prosa rica y fluida lograda mediante una revisión meticulosa.

2. *My Annihilation* de Fuminori Nakamura (Japón)
   - Compleja estructura narrativa y desarrollo profundo de los personajes.

3. *Maximum Bob* de Elmore Leonard (Estados Unidos)
   - Autenticidad y realismo en los personajes y escenarios.

4. *2666* de Roberto Bolaño (Chile)
   - Prosa pulida y estilo distintivo resultado de una edición cuidadosa.

5. *El juego de Ripper* de Isabel Allende (Chile)

- Consistencia en los detalles y precisión en la ambientación.

Consejos prácticos

1. Lee en voz alta

- Leer tu manuscrito en voz alta te ayuda a detectar problemas de ritmo, redundancias y diálogos poco naturales.

2. Revisa por etapas

- Divide la revisión en etapas específicas: trama y estructura, personajes y diálogos, estilo y detalles técnicos.

3. Busca feedback externo

- Obtén opiniones de lectores beta o grupos de escritura para recibir críticas constructivas y nuevas perspectivas.

4. Corrige el estilo

- Revisa la elección de palabras, la variedad de frases y la consistencia del tono para mejorar la legibilidad y el impacto emocional.

5. Verifica consistencia y detalles

- Asegúrate de que todos los detalles sean consistentes a lo largo de la novela, verificando nombres, lugares, cronología y hechos.

Ejercicios prácticos

1. *Lectura en voz alta*: Lee un capítulo de tu manuscrito en voz alta y anota cualquier problema de ritmo, redundancias o diálogos poco naturales que detectes.

2. *Revisión por etapas*: Divide tu manuscrito en secciones y enfócate en una etapa de revisión específica (trama, personajes, estilo) para cada sección.

3. *Feedback externo*: Comparte un capítulo con un lector beta o un grupo de escritura y solicita feedback específico sobre la claridad y coherencia de la trama.

4. *Corrección de estilo*: Revisa un capítulo, centrándote en mejorar la elección de palabras, la variedad de frases y la consistencia del tono.

5. *Verificación de detalles*: Elige un capítulo y verifica todos los nombres, lugares y hechos para asegurarte de que sean consistentes y precisos a lo largo de la novela.

* * *

Con estas técnicas y ejemplos, podrás pulir tu manuscrito, asegurándote de que tu novela de misterio sea clara, coherente y cautivadora, llevando tu historia al siguiente nivel de excelencia literaria.

12

El oficio del escritor de misterio

Consejos prácticos y hábitos para mantenerte productivo

Escribir novelas de misterio puede ser una tarea exigente. Para mantenerte productivo, es esencial desarrollar buenos hábitos y seguir ciertos consejos prácticos. A continuación, te presento algunas estrategias que pueden ayudarte a mejorar tu productividad y calidad de escritura.

1. Establece una rutina diaria

Tener un horario fijo para escribir cada día puede ayudarte a desarrollar una disciplina y a crear un hábito. Escoge las horas en las que eres más productivo y dedícalas exclusivamente a escribir.

Ejercicio: Dedica al menos una hora cada día durante una semana para escribir sin interrupciones. Al final de la semana, evalúa tu progreso y ajusta tu horario según lo que hayas aprendido.

2. Crea un espacio de trabajo dedicado

Tener un lugar específico para escribir, libre de distracciones, puede mejorar tu concentración y creatividad. Asegúrate de que este espacio sea cómodo y esté bien iluminado.

Ejercicio: Organiza tu espacio de trabajo y elimina cualquier cosa que pueda distraerte. Prueba escribir en este lugar durante una semana y nota si tu productividad mejora.

3. *Mantén una libreta de ideas*

Lleva siempre contigo una libreta para anotar ideas, diálogos, escenas o cualquier cosa que te inspire. Esto te ayudará a no perder ninguna idea valiosa.

Ejercicio: Durante un mes, anota al menos una idea cada día en tu libreta. Revisa tus notas al final del mes y selecciona las mejores ideas para desarrollarlas.

4. *Lee regularmente*

La lectura regular de novelas de misterio y otros géneros puede enriquecer tu vocabulario, darte nuevas perspectivas y ayudarte a entender mejor las técnicas narrativas.

Ejercicio: Lee al menos un capítulo de una novela de misterio cada día durante un mes. Anota cualquier técnica o estilo que te llame la atención y piensa en cómo podrías aplicarlo a tu propia escritura.

5. *Escribe todos los días*

Incluso si solo escribes unas pocas líneas, la práctica diaria es esencial para mejorar tus habilidades de escritura. No te preocupes por la calidad en esta etapa; lo importante es mantener el hábito.

Ejercicio: Comprométete a escribir al menos 200 palabras cada día durante un mes. Al final del mes, revisa lo que has escrito y selecciona las partes que consideres más fuertes para desarrollar.

6. Revisa y edita constantemente

La revisión y edición son parte fundamental del proceso de escritura. Dedica tiempo a releer y mejorar tus textos.

Ejercicio: Al terminar un primer borrador, déjalo reposar por una semana. Luego, vuelve a él con una nueva perspectiva y realiza una revisión detallada, enfocándote en la estructura, los personajes y la trama.

Ejemplos de novelas de misterio por país

Dinamarca

- *La mujer que arañaba las paredes* de Jussi Adler-Olsen: La primera novela de la serie del Departamento Q, donde el detective Carl Mørck investiga casos fríos.

Islandia

- *Las marismas* de Arnaldur Indriðason: Una novela que sigue al detective Erlendur Sveinsson mientras resuelve un misterioso asesinato en Reykjavik.

Japón

- *La devoción del sospechoso X* de Keigo Higashino: Aunque mayormente una novela de crimen moderno, el autor incorpora aspectos culturales y filosóficos de Japón, que pueden evocar cierto misticismo y raíces folclóricas en su desarrollo psicológico y moral.

Reino Unido

- *La dama desaparece* de Ethel Lina White: La novela presenta un caso complejo. Una mujer desaparece misteriosamente durante un viaje en tren, y la protagonista debe resolver el caso mientras todos a su alrededor niegan la existencia de la mujer desaparecida.

Reino Unido

- *Rebeca* de Daphne du Maurier: Este clásico del misterio gótico explora un misterio familiar y el pasado oscuro de una familia. La presencia de Rebeca, anterior señora de una casa, sigue atormentando a los nuevos residentes.

Consejos prácticos para aplicar en tus propias historias

1. *Desarrolla personajes complejos*: Asegúrate de que tus personajes tengan profundidad y motivaciones claras. Esto los hará más creíbles y aumentará el interés del lector.

- *Ejercicio*: Escribe una biografía detallada para cada personaje principal, incluyendo su pasado, motivaciones y conflictos internos.

2. *Crea una trama sólida*: Una trama bien estructurada es esencial en una novela de misterio. Asegúrate de que haya giros y sorpresas para mantener al lector enganchado.

- *Ejercicio*: Haz un esquema de tu trama, destacando los puntos clave y los giros importantes. Revisa el esquema y asegúrate de que todos los elementos se conecten lógicamente.

3. *Usa el suspense efectivamente*: El suspense es una herramienta crucial en el misterio. Usa cliffhangers y escenas tensas para mantener el interés del lector.

- *Ejercicio*: Escribe una escena de suspense en tu historia. Luego, revisa la escena para asegurarte de que cada párrafo contribuya a aumentar la tensión.

4. *Investiga y documenta*: Una buena investigación puede darle autenticidad a tu novela. Investiga sobre los lugares, épocas y detalles técnicos relevantes para tu historia.

- *Ejercicio*: Dedica una semana a investigar un aspecto específico de tu novela (por ejemplo, el procedimiento policial en tu país) y toma notas detalladas. Incorpora estos detalles en tu historia para darle más realismo.

* * *

Al seguir estos consejos y practicar regularmente, podrás mejorar tus habilidades como escritor de misterio y crear historias cautivadoras que mantendrán a tus lectores al borde de sus asientos.

13

Ejemplos y análisis

Estudios de caso de novelas de misterio exitosas

Analizar novelas de misterio exitosas puede proporcionar valiosas lecciones sobre cómo construir tramas intrigantes, desarrollar personajes complejos y mantener el suspense. A continuación, se presentan estudios de caso de novelas de misterio de Suecia, España, Francia, Reino Unido y Estados Unidos, junto con consejos prácticos y ejercicios para aplicar estas técnicas en tus propias historias.

1. Suecia
  Los hombres que no amaban a las mujeres de Stieg Larsson

Análisis:
  - *Personajes complejos*: La novela destaca por sus personajes profundos y multifacéticos, especialmente Lisbeth Salander, quien es tanto vulnerable como fuerte.
  - *Temas oscuros*: Larsson aborda temas como la corrupción, el abuso y la misoginia, añadiendo una capa de seriedad y relevancia social.
  - *Estructura de la trama*: La trama está llena de giros y sorpresas, mante-

niendo al lector enganchado hasta el final.

Consejo práctico:

- *Desarrolla personajes complejos y realistas*: Asegúrate de que tus personajes tengan personalidades únicas, conflictos internos y motivaciones claras.

Ejercicio:

- Escribe un perfil detallado de tus personajes principales, incluyendo su pasado, personalidad, objetivos y miedos.

2. España

La sombra del viento de Carlos Ruiz Zafón

Análisis:

- *Ambiente atmosférico*: La Barcelona de posguerra se convierte en un personaje más de la novela, con descripciones vívidas que crean una atmósfera envolvente.

- *Trama compleja*: La historia está llena de subtramas y misterios entrelazados que se desarrollan a lo largo del libro.

- *Narrativa en primera persona*: La perspectiva de Daniel Sempere añade una capa de intimidad y profundidad emocional a la narración.

Consejo práctico:

- Crea un ambiente envolvente: Usa descripciones detalladas y sensoriales para sumergir a tus lectores en el mundo de tu historia.

Ejercicio:

- Describe una escena clave de tu novela, enfocándote en los cinco sentidos para crear una atmósfera vívida.

3. Francia

Asesinato en la Torre Eiffel de Claude Izner

Análisis:

- *Ambientación histórica*: Situada en la Exposición Universal de 1889, la novela utiliza un contexto histórico fascinante que enriquece la trama.

- *Misterio clásico*: Emplea un enfoque clásico del misterio con pistas y enigmas que el lector puede intentar resolver junto con los personajes.

- *Personajes memorables*: Los protagonistas, Victor Legris y Joseph Pignot, son bien desarrollados y carismáticos.

Consejo práctico:

- *Usa el contexto histórico a tu favor*: Investiga y utiliza eventos y detalles históricos para darle profundidad y autenticidad a tu historia.

Ejercicio:

- Investiga un evento histórico relevante para tu novela y escribe una escena que ocurra durante ese evento, incorporando detalles precisos.

4. Reino Unido

El sabueso de los Baskerville de Arthur Conan Doyle

Análisis:

- *Suspense y terror*: La atmósfera de suspense y el elemento sobrenatural mantienen al lector en vilo.

- *Método deductivo*: La metodología de Sherlock Holmes para resolver el caso es un ejemplo clásico de la lógica deductiva en el misterio.

- *Escenario evocador*: Los páramos de Dartmoor se describen con un detalle que contribuye al tono inquietante de la novela.

Consejo práctico:

- *Usa el suspense y el misterio de manera efectiva*: Introduce elementos que generen dudas y mantengan a los lectores adivinando hasta el final.

Ejercicio:

- Escribe una escena de suspense, asegurándote de que cada párrafo incremente la tensión y el misterio.

5. Estados Unidos
Perdida de Gillian Flynn

Análisis:

- *Narrativa no lineal*: La novela alterna entre las perspectivas de los dos protagonistas, desvelando la trama de manera gradual y manteniendo el suspense.

- *Giros inesperados*: Los giros de la trama están magistralmente ejecutados, sorprendiendo al lector y recontextualizando la historia.

- *Personajes poco fiables*: La narración en primera persona de personajes poco fiables añade una capa de complejidad y misterio.

Consejo práctico:

- *Experimenta con la estructura de la trama*: No tengas miedo de jugar con la estructura temporal o los puntos de vista para crear intriga y suspense.

Ejercicio:

- Escribe un capítulo desde dos perspectivas diferentes, revelando información de manera gradual para mantener el interés del lector.

* * *

Al estudiar estas novelas y aplicar los consejos y ejercicios proporcionados, podrás mejorar tus habilidades como escritor de misterio y crear historias intrigantes y cautivadoras.

14

Publicación y marketing

Cómo llevar tu novela de misterio al mercado

Publicar y comercializar tu novela de misterio es un proceso crucial para asegurar que tu trabajo llegue a los lectores. A continuación, se presentan estrategias y ejemplos de novelas de misterio exitosas de Italia, Venezuela, Alemania, España y Estados Unidos, junto con consejos prácticos y ejercicios para ayudarte a navegar en este proceso.

1. Italia

El nombre de la rosa de Umberto Eco

Análisis de éxito:

- *Calidad literaria*: La novela combina una trama de misterio con profundos análisis filosóficos y una ambientación histórica meticulosa.

- *Estrategia de marketing*: El éxito de la novela se debió en parte a su atractivo tanto para lectores de misterio como para académicos interesados en la Edad Media.

Consejo práctico:

- *Identifica tu mercado objetivo*: Considera quiénes son los lectores potenciales de tu novela y adapta tu estrategia de marketing para atraer a esos grupos.

Ejercicio:

- Escribe un perfil de tu lector ideal. ¿Qué le interesa? ¿Qué otros libros disfruta? Usa esta información para diseñar tu estrategia de marketing.

2. Argentina
Catedrales de Claudia Piñeiro

Análisis de éxito:

- *Premios literarios*: Ganar premios, como el Premio tormo negro Masfarné, el Premio Hammett a la mejor novela de género negro publicada en español en el año 2020 y el Premio best novel de VLC negra 2021, ayudó a incrementar la visibilidad de la novela.

- *Tema universal*: La novela aborda temas universales como la presión social sobre la mujer y el fanatismo religioso, lo que conquistó a una amplia audiencia.

Consejo práctico:

- *Participa en concursos literarios*: Enviar tu manuscrito a concursos puede aumentar tu visibilidad y credibilidad como escritor.

Ejercicio:

- Investiga y elabora una lista de concursos literarios relevantes para tu novela de misterio. Envía tu manuscrito a al menos tres de ellos.

3. Alemania
El perfume de Patrick Süskind

Análisis de éxito:

- *Adaptaciones mediáticas*: La adaptación cinematográfica de la novela ayudó a ampliar su alcance.

- *Marketing innovador*: La campaña de marketing utilizó elementos sensoriales, como perfumes inspirados en la novela, para atraer a los lectores.

Consejo práctico:

- *Considera adaptaciones y cross-media*: Piensa en cómo tu novela podría adaptarse a otros medios, como cine, televisión o incluso teatro.

Ejercicio:

- Imagina una adaptación de tu novela en otro medio. Escribe una sinopsis para esta adaptación y considera qué aspectos destacarías para atraer a productores.

4. España

El guardián invisible de Dolores Redondo

Análisis de éxito:

- *Serie de libros*: Publicar la novela como parte de una serie ayudó a fidelizar a los lectores y mantener el interés.

- *Fuerte presencia en redes sociales*: Redondo utilizó activamente las redes sociales para interactuar con sus lectores y promocionar sus libros.

Consejo práctico:

- *Desarrolla una presencia en redes sociales*: Utiliza plataformas como Twitter, Instagram y Facebook para construir una comunidad de lectores y mantenerlos informados sobre tu trabajo.

Ejercicio:

- Crea un calendario de contenido para redes sociales, planificando publicaciones diarias o semanales que mantengan a tus seguidores interesados y comprometidos.

5. Estados Unidos

El código Da Vinci de Dan Brown

Análisis de éxito:

- *Controversia y debate*: La novela generó debate y controversia, lo que incrementó su visibilidad y ventas.

- *Campaña de marketing masiva*: La editorial invirtió en una extensa campaña de marketing, incluyendo publicidad en medios y eventos de lanzamiento.

Consejo práctico:

- *Genera expectación*: Antes del lanzamiento de tu novela, crea suspense y expectación a través de teasers, adelantos y eventos promocionales.

Ejercicio:

- Diseña una estrategia de lanzamiento para tu novela. Incluye elementos como una campaña en redes sociales, un evento de lanzamiento y colaboraciones con blogueros y críticos.

* * *

Publicar y comercializar una novela de misterio requiere una combinación de creatividad, estrategia y perseverancia. Al seguir estos consejos y realizar los ejercicios propuestos, estarás mejor preparado para llevar tu obra al mercado y alcanzar a tus lectores ideales.

15

Recursos para el escritor de misterio

Libros, herramientas y comunidades recomendadas

Desarrollar habilidades como escritor de misterio requiere acceso a recursos valiosos que puedan guiar y mejorar tu proceso creativo. A continuación, se presentan ejemplos de novelas de misterio de España, Venezuela, Argentina, México, Colombia y Chile, junto con una lista de recursos recomendados y ejercicios prácticos.

1. España
Plenilunio de Antonio Muñoz Molina

Análisis:

- *Narrativa atmosférica*: La novela crea una atmósfera inquietante que mantiene al lector en suspense.

- *Profundidad psicológica*: Los personajes están detalladamente desarrollados, explorando sus motivaciones y conflictos internos.

Recurso recomendado:

- Libro: *Escribir ficción* de Gotham Writers' Workshop.

Ejercicio:

- Describe una escena de tu novela enfocándote en la atmósfera y el estado psicológico de los personajes. Usa descripciones detalladas para sumergir al lector en la escena.

2. La India

El tigre blanco de Aravind Adiga

Análisis:

- *Contexto social*: Este misterio explora las divisiones de clase en India y critica el abuso de poder y la corrupción, tanto en el ámbito político como en el empresarial.

- *Estilo narrativo*: La narrativa fluida y envolvente mantiene el interés del lector.

Recurso recomendado:

- *Herramienta*: Scrivener, una herramienta de escritura que ayuda a organizar y estructurar tu novela.

Ejercicio:

- Investiga un tema social o político relevante para tu novela. Escribe una escena en la que este tema juegue un papel crucial en la trama.

3. Argentina

La pregunta de sus ojos de Eduardo Sacheri

Análisis:

- *Estructura no lineal*: La novela utiliza saltos temporales para desvelar gradualmente el misterio.

- *Relación de personajes*: Las complejas relaciones entre los personajes añaden profundidad a la historia.

Recurso recomendado:

- *Comunidad*: Goodreads, donde puedes unirte a grupos de escritores y lectores de misterio para intercambiar ideas y recibir feedback.

Ejercicio:

- Escribe una escena clave desde dos puntos de vista diferentes, revelando información de manera que añada intriga y complejidad a la trama.

4. Estados Unidos
El alienista de Caleb Carr

Análisis:

- *Enfoque testimonial*: Inspirada en las ciencias forenses emergentes de finales del siglo XIX, esta novela de misterio incluye múltiples personajes narrando desde sus perspectivas como detectives, psicólogos y periodistas.

- *Narrativa fragmentaria*: El uso de diferentes voces y perspectivas crea una experiencia de lectura rica y multidimensional.

Recurso recomendado:

- Libro: *Los desafíos de la ficción* de Eduardo Heras León (compilador), que ofrece consejos prácticos sobre el oficio de escribir.

Ejercicio:

- Incorpora múltiples perspectivas en una escena de tu novela, utilizando voces distintas para enriquecer la narrativa.

5. Estados Unidos
Maximum Bob de Elmore Leonard

Análisis:

- *Ambientación urbana*: La novela retrata con realismo la vida en distintos escenarios de Palm Beach, Florida, creando un entorno vívido y auténtico.

- *Personajes carismáticos*: Los personajes son carismáticos, lo que los hace memorables para el lector.

Recurso recomendado:

- *Herramienta*: Grammarly, una herramienta de revisión gramatical y estilística que puede ayudarte a mejorar la claridad y corrección de tu escritura.

Ejercicio:

- Describe el entorno urbano de una escena clave en tu novela. Usa detalles sensoriales para hacer que el escenario cobre vida para el lector.

6. Estados Unidos
La trilogía de Nueva York de Paul Auster

Análisis:

- *Estilo experimental*: Esta trilogía combina elementos de novela policiaca y prosa experimental.
- *Poética del lenguaje*: Auster juega con los límites del lenguaje, el significado y la identidad, creando una experiencia narrativa más abstracta y poética, mientras mantiene los rasgos estructurales de un misterio.

Recurso recomendado:

- *Comunidad*: Wattpad, una plataforma para escritores que permite publicar y compartir tus historias con una amplia audiencia y recibir comentarios.

Ejercicio:

- Experimenta con el estilo poético en una escena de tu novela. Usa metáforas y descripciones sensoriales para enriquecer el texto.

* * *

Estos recursos y ejercicios te ayudarán a mejorar tus habilidades como escritor de misterio y a encontrar apoyo y comunidad en tu viaje literario.

16

Bibliografía

Adiga, Aravind (2008). *The White Tiger* (*El tigre blanco*). Londres: Editorial Atlantic Books.

Adler-Olsen, Jussi (2007). *Kvinden i buret* (*La mujer que arañaba las paredes*). Copenhague: Editorial Politiken.

Agatha Christie (1941). *Evil Under the Sun* (*Maldad bajo el sol*). Reino Unido: Collins Crime Club.

Allende, Isabel (1982). *La casa de los espíritus*. Barcelona: Editorial Plaza & Janés.

Allende, Isabel (2014). *El juego de Ripper*. Plaza & Janés - Editorial Sudamericana.

Auster, Paul (1987). The New York Trilogy. Nueva York: Editorial Faber and Faber.

Batacan, Felisa H. (2002). *Smaller and Smaller Circles* (*Círculos cada vez más pequeños*). Manila: University of the Philippines Press.

Bernal, Rafael (1969). *El complot mongol*. México: Editorial Joaquín Mortiz.

Bolaño, Roberto (2004). *2666*. Barcelona: Editorial Anagrama.

Brown, Dan (2003). *El código Da Vinci*. Estados Unidos: Random House.

Burdett, John (2003). *Bangkok 8*. Nueva York: Knopf Doubleday Publishing Group.

Carr, Caleb (1994). *The Alienist* (*El alienista*). Nueva York: Editorial Random House.

Christie, Agatha (1936). *El misterio de la guía de ferrocarriles*. Collins Crime Club.

Conan Doyle, Arthur I. (1902). *The Hound of the Baskervilles* (*El sabueso de los Baskervilles*). Reino Unido: Editorial George Newnes.

Convertini, Horacio (2017). *Los que duermen en el polvo*. Editorial Alfaguara.

Dicker, Joël (2012). *La vérité sur l'affaire Harry Quebert* (*La verdad sobre el caso Harry Quebert*). Suiza: Éditions de Fallois/L'Âge d'Homme.

Du Maurier, Daphne (1938). *Rebecca* (*Rebeca*). Reino Unido: Editorial Victor Gollancz.

Eco, Umberto (1980). *El nombre de la rosa*. Italia: Editorial Bompiani.

Flynn, Gillian (2012). *Gone Girl* (*Perdida*). Estados Unidos: Editorial Crown Publishing Group.

Fuentes, Carlos (1962). *Aura*. México: Editorial Era.

García Sáenz, Eva (2016). *El silencio de la ciudad blanca*. Barcelona: Editorial Planeta.

Garcia-Roza, Luiz Alfredo (1996). *O silêncio da chuva* (*El silencio de la lluvia*). São Paulo: Companhia das Letras.

Gotham Writers' Workshop (2003). *Writing Fiction* (*Escribir ficción*). Traducción de Jessica L. Lockhart. Edición de Alexander Steele.

Harris, Thomas (1988). *El silencio de los corderos*. Estados Unidos: Editorial Martin's Press.

Hawkins, Paula (2017). *Into the Water* (*Escrito en el agua*). Reino Unido: Editorial Doubleday.

Heras León, Eduardo (compilador) (2001). *Los desafíos de la ficción*. La Habana (Cuba): Casa Editorial Abril.

Higashino, Keigo (2005). *Yōgisha X no Kenshin* (*La devoción del sospechoso X*). Tokio: Editorial Bungeishunju.

Highsmith, Patricia (1955). *El talento de Mr. Ripley*. Estados Unidos: Editorial Coward-McCann.

Indriðason, Arnaldur (2000). *Mýrin* (*Las marismas*). Islandia: Editorial Harvill Secker.

Izner, Claude (2003). *Mystère rue des Saints-Pères* (*Asesinato en la Torre Eiffel*). París: Editorial 10/18.

Kirino, Natsuo (1997). *Out*. Japón: Vintage Books.

Lagercrantz, David (2015). *Det som inte dödar oss* (*Lo que no te mata te hace más fuerte*). Suecia: Editorial Norstedts Förlag.

Larsson, Stieg (2005). *Los hombres que no amaban a las mujeres*. Suecia: Editorial Norstedts Förlag.

Lema Vargas, Gonzalo (2017). *Que te vaya como mereces*. Roca Editorial.

Leonard, Elmore (1991). *Maximum Bob*. Nueva York: Delacorte Press. (En inglés.)

Leonard, Elmore (1999). *Be Cool* (*Tómatelo con calma*). Nueva York: Delacorte Press.

Melo, Patrícia (1996). *O Matador*. Paris: Editorial Albin Michel.

Michaelides, Alex (2019). *The Silent Patient* (*La paciente silenciosa*). Reino Unido: Celadon Books.

Minato, Kanae (2008). *Kokuhaku* (*Confesiones*). Japón: Editorial Futabasha.

Muñoz Molina, Antonio (1997). *Plenilunio*. Barcelona: Editorial Círculo de Lectores.

Nakamura, Fuminori (2016). *Watashi no Shōmetsu* (*My Annihilation*). Tokio: Bungei Shunjū. (Disponible en inglés.)

Pacheco, Ibéyise (2010). *Sangre en el diván*. Editorial Grijalbo.

Padura, Leonardo (1991). *Pasado perfecto*. Guadalajara (México): EDUG, Dirección de Publicaciones, Universidad de Guadalajara.

Padura, Leonardo (2012). *Máscaras* (Havana Red). Barcelona: Editorial MaxiTusquets. (1ra. edición: 1997.)

Pamuk, Orhan (1998). *Benim Adım Kırmızı* (*Me llamo Rojo*). Turquía: Editorial Alfred A. Knopf.

Pelecanos, George (2006). *The Night Gardener* (*El jardinero nocturno*). Nueva York: Editorial Little, Brown and Company.

Penny, Louise (2005). *Still Life* (*Naturaleza muerta*). Nueva York: Editorial St. Martin's Press.

Pérez-Reverte Gutiérrez, Arturo (1993). *El club Dumas* o *La sombra de Richelieu*. Madrid: Alfaguara.

Piglia, Ricardo (1997). Plata quemada. Editorial Planeta.

Piñeiro, Claudia (2021). *Catedrales*. Buenos Aires: Editorial Alfaguara.

Redondo, Dolores (2013). *El guardián invisible*. España: Editoriales Destino/Planeta.

Roncagliolo, Santiago (2006). *Abril rojo*. Editorial Alfaguara.

Ruiz Zafón, Carlos (2001). *La sombra del viento*. Editorial Planeta.

Sábato, Ernesto (1948). *El túnel*. Argentina: Editorial Sur.

Sacheri, Eduardo (2005). *La pregunta de sus ojos*. Editorial alfaguara.

See, Lisa (2003). *Dragon Bones*. Nueva York: Random House.

Simenon, Georges (1938). *L'Homme qui mirarait passer les trains* (*El hombre que miraba pasar los trenes*). París: Editorial Gallimard.

Süskind, Patrick (1985). *Das Parfum: Die Geschichte eines Mörders* (*El perfume: historia de un asesino*). Alemania: Editorial Diogenes.

Vallejo, Fernando (1994). *La virgen de los sicarios*. Editorial Alfaguara.

Vásquez, Juan Gabriel (2011). *El ruido de las cosas al caer*. Editorial Alfaguara.

White, Ethel Lina (1936). *The Wheel Spins* (traducido como *La dama desaparece*). Londres: Collins Crime Club.

About the Author

Félix Gerónimo (República Dominicana, 1976) es abogado. Obtuvo un DEA en Gobierno y administración pública por la Universidad Complutense de Madrid (2011) con beca de la AECID.